WRITE SHOOT EDIT

STORYBOARD SKETCHBOOK CREATIVE FILMMAKERS NOTEBOOK FOR JOURNALING SCENES

ADAM AND MARKY™

GINZBURG PRESS
MARKHAM, ONTARIO

Copyright © 2018 by Adam and Marky™ / Ginzburg Press

All rights reserved. No part of this publication may be reproduced, distributed or transmitted in any form or by any means, including photocopying, recording, or other electronic or mechanical methods, without the prior written permission of the publisher, except in the case of brief quotations embodied in critical reviews and certain other noncommercial uses permitted by copyright law.

Adam and Marky™/Ginzburg Press
Markham, Ontario, Canada
www.ginzburgpress.com

TITLE: _____   PAGE: _____

SC: SHOT: PANEL:

DIALOGUE:

ACTION:

FX:

SC: SHOT: PANEL:

DIALOGUE:

ACTION:

FX:

SC: SHOT: PANEL:

DIALOGUE:

ACTION:

FX:

TITLE: _____ PAGE: _____

SC: SHOT: PANEL:

DIALOGUE:

ACTION:

FX:

SC: SHOT: PANEL:

DIALOGUE:

ACTION:

FX:

SC: SHOT: PANEL:

DIALOGUE:

ACTION:

FX:

TITLE: _____   PAGE: _____

SC: ____   SHOT: ____   PANEL: ____

DIALOGUE:

ACTION:

FX:

SC: ____   SHOT: ____   PANEL: ____

DIALOGUE:

ACTION:

FX:

SC: ____   SHOT: ____   PANEL: ____

DIALOGUE:

ACTION:

FX:

TITLE: _____   PAGE: _____

SC: SHOT: PANEL:

DIALOGUE:

ACTION:

FX:

SC: SHOT: PANEL:

DIALOGUE:

ACTION:

FX:

SC: SHOT: PANEL:

DIALOGUE:

ACTION:

FX:

TITLE: _____ PAGE: _____

SC: SHOT: PANEL:

DIALOGUE:

ACTION:

FX:

SC: SHOT: PANEL:

DIALOGUE:

ACTION:

FX:

SC: SHOT: PANEL:

DIALOGUE:

ACTION:

FX:

TITLE: _____   PAGE: _____

SC: SHOT: PANEL:

| DIALOGUE: |
| ACTION: |
| FX: |

SC: SHOT: PANEL:

| DIALOGUE: |
| ACTION: |
| FX: |

SC: SHOT: PANEL:

| DIALOGUE: |
| ACTION: |
| FX: |

TITLE: _____   PAGE: _____

SC: SHOT: PANEL:

DIALOGUE:

ACTION:

FX:

SC: SHOT: PANEL:

DIALOGUE:

ACTION:

FX:

SC: SHOT: PANEL:

DIALOGUE:

ACTION:

FX:

TITLE: _____   PAGE: _____

SC: ____   SHOT: ____   PANEL: ____

DIALOGUE:

ACTION:

FX:

SC: ____   SHOT: ____   PANEL: ____

DIALOGUE:

ACTION:

FX:

SC: ____   SHOT: ____   PANEL: ____

DIALOGUE:

ACTION:

FX:

TITLE: _____ PAGE: _____

SC: SHOT: PANEL:

DIALOGUE:

ACTION:

FX:

SC: SHOT: PANEL:

DIALOGUE:

ACTION:

FX:

SC: SHOT: PANEL:

DIALOGUE:

ACTION:

FX:

TITLE: _____   PAGE: _____

SC: SHOT: PANEL:

DIALOGUE:

ACTION:

FX:

SC: SHOT: PANEL:

DIALOGUE:

ACTION:

FX:

SC: SHOT: PANEL:

DIALOGUE:

ACTION:

FX:

TITLE: _____   PAGE: _____

SC: SHOT: PANEL:

DIALOGUE:

ACTION:

FX:

SC: SHOT: PANEL:

DIALOGUE:

ACTION:

FX:

SC: SHOT: PANEL:

DIALOGUE:

ACTION:

FX:

TITLE: _____ PAGE: _____

SC: SHOT: PANEL:

DIALOGUE:

ACTION:

FX:

SC: SHOT: PANEL:

DIALOGUE:

ACTION:

FX:

SC: SHOT: PANEL:

DIALOGUE:

ACTION:

FX:

TITLE: _____   PAGE: _____

SC: SHOT: PANEL:

DIALOGUE:

ACTION:

FX:

SC: SHOT: PANEL:

DIALOGUE:

ACTION:

FX:

SC: SHOT: PANEL:

DIALOGUE:

ACTION:

FX:

TITLE: _____   PAGE: _____

SC: _____   SHOT: _____   PANEL: _____

DIALOGUE:

ACTION:

FX:

SC: _____   SHOT: _____   PANEL: _____

DIALOGUE:

ACTION:

FX:

SC: _____   SHOT: _____   PANEL: _____

DIALOGUE:

ACTION:

FX:

TITLE: _____   PAGE: _____

SC: SHOT: PANEL:

DIALOGUE:

ACTION:

FX:

SC: SHOT: PANEL:

DIALOGUE:

ACTION:

FX:

SC: SHOT: PANEL:

DIALOGUE:

ACTION:

FX:

TITLE: _____ PAGE: _____

SC: SHOT: PANEL:

DIALOGUE:

ACTION:

FX:

SC: SHOT: PANEL:

DIALOGUE:

ACTION:

FX:

SC: SHOT: PANEL:

DIALOGUE:

ACTION:

FX:

TITLE: _____ PAGE: _____

SC: ____ SHOT: ____ PANEL: ____

| DIALOGUE: |
| ACTION: |
| FX: |

SC: ____ SHOT: ____ PANEL: ____

| DIALOGUE: |
| ACTION: |
| FX: |

SC: ____ SHOT: ____ PANEL: ____

| DIALOGUE: |
| ACTION: |
| FX: |

TITLE: _____   PAGE: _____

SC: SHOT: PANEL:

DIALOGUE:

ACTION:

FX:

SC: SHOT: PANEL:

DIALOGUE:

ACTION:

FX:

SC: SHOT: PANEL:

DIALOGUE:

ACTION:

FX:

TITLE: _____   PAGE: _____

SC: SHOT: PANEL:

DIALOGUE:

ACTION:

FX:

SC: SHOT: PANEL:

DIALOGUE:

ACTION:

FX:

SC: SHOT: PANEL:

DIALOGUE:

ACTION:

FX:

TITLE: _____   PAGE: _____

SC: SHOT: PANEL:

DIALOGUE:

ACTION:

FX:

SC: SHOT: PANEL:

DIALOGUE:

ACTION:

FX:

SC: SHOT: PANEL:

DIALOGUE:

ACTION:

FX:

TITLE: _____ PAGE: _____

SC: SHOT: PANEL:

DIALOGUE:

ACTION:

FX:

SC: SHOT: PANEL:

DIALOGUE:

ACTION:

FX:

SC: SHOT: PANEL:

DIALOGUE:

ACTION:

FX:

TITLE: _____ PAGE: _____

SC: SHOT: PANEL:

DIALOGUE:

ACTION:

FX:

SC: SHOT: PANEL:

DIALOGUE:

ACTION:

FX:

SC: SHOT: PANEL:

DIALOGUE:

ACTION:

FX:

TITLE: _____   PAGE: _____

SC: SHOT: PANEL:

DIALOGUE:

ACTION:

FX:

SC: SHOT: PANEL:

DIALOGUE:

ACTION:

FX:

SC: SHOT: PANEL:

DIALOGUE:

ACTION:

FX:

TITLE: _____ PAGE: _____

SC: SHOT: PANEL:

DIALOGUE:

ACTION:

FX:

SC: SHOT: PANEL:

DIALOGUE:

ACTION:

FX:

SC: SHOT: PANEL:

DIALOGUE:

ACTION:

FX:

TITLE: _____ PAGE: _____

SC: SHOT: PANEL:

DIALOGUE:

ACTION:

FX:

SC: SHOT: PANEL:

DIALOGUE:

ACTION:

FX:

SC: SHOT: PANEL:

DIALOGUE:

ACTION:

FX:

TITLE: _____ PAGE: _____

SC: SHOT: PANEL:

DIALOGUE:

ACTION:

FX:

SC: SHOT: PANEL:

DIALOGUE:

ACTION:

FX:

SC: SHOT: PANEL:

DIALOGUE:

ACTION:

FX:

TITLE: _____   PAGE: _____

SC: SHOT: PANEL:

DIALOGUE:

ACTION:

FX:

SC: SHOT: PANEL:

DIALOGUE:

ACTION:

FX:

SC: SHOT: PANEL:

DIALOGUE:

ACTION:

FX:

TITLE: _____   PAGE: _____

SC: SHOT: PANEL:

DIALOGUE:

ACTION:

FX:

SC: SHOT: PANEL:

DIALOGUE:

ACTION:

FX:

SC: SHOT: PANEL:

DIALOGUE:

ACTION:

FX:

TITLE: _____   PAGE: _____

SC: SHOT: PANEL:

| DIALOGUE: |
| ACTION: |
| FX: |

SC: SHOT: PANEL:

| DIALOGUE: |
| ACTION: |
| FX: |

SC: SHOT: PANEL:

| DIALOGUE: |
| ACTION: |
| FX: |

TITLE: _____ PAGE: _____

SC: SHOT: PANEL:

DIALOGUE:

ACTION:

FX:

SC: SHOT: PANEL:

DIALOGUE:

ACTION:

FX:

SC: SHOT: PANEL:

DIALOGUE:

ACTION:

FX:

TITLE: _____ PAGE: _____

SC: SHOT: PANEL:

| DIALOGUE: |
| ACTION: |
| FX: |

SC: SHOT: PANEL:

| DIALOGUE: |
| ACTION: |
| FX: |

SC: SHOT: PANEL:

| DIALOGUE: |
| ACTION: |
| FX: |

TITLE: _____ PAGE: _____

SC: SHOT: PANEL:

DIALOGUE:

ACTION:

FX:

SC: SHOT: PANEL:

DIALOGUE:

ACTION:

FX:

SC: SHOT: PANEL:

DIALOGUE:

ACTION:

FX:

TITLE: _____ PAGE: _____

SC: SHOT: PANEL:

DIALOGUE:

ACTION:

FX:

SC: SHOT: PANEL:

DIALOGUE:

ACTION:

FX:

SC: SHOT: PANEL:

DIALOGUE:

ACTION:

FX:

TITLE: _____ PAGE: _____

SC: SHOT: PANEL:

DIALOGUE:

ACTION:

FX:

SC: SHOT: PANEL:

DIALOGUE:

ACTION:

FX:

SC: SHOT: PANEL:

DIALOGUE:

ACTION:

FX:

TITLE: _____   PAGE: _____

SC: SHOT: PANEL:

DIALOGUE:

ACTION:

FX:

SC: SHOT: PANEL:

DIALOGUE:

ACTION:

FX:

SC: SHOT: PANEL:

DIALOGUE:

ACTION:

FX:

TITLE: _____   PAGE: _____

SC: SHOT: PANEL:

DIALOGUE:

ACTION:

FX:

SC: SHOT: PANEL:

DIALOGUE:

ACTION:

FX:

SC: SHOT: PANEL:

DIALOGUE:

ACTION:

FX:

TITLE: _____   PAGE: _____

SC: SHOT: PANEL:

DIALOGUE:

ACTION:

FX:

SC: SHOT: PANEL:

DIALOGUE:

ACTION:

FX:

SC: SHOT: PANEL:

DIALOGUE:

ACTION:

FX:

TITLE: _____ PAGE: _____

SC: ____ SHOT: ____ PANEL: ____

| DIALOGUE: |
| ACTION: |
| FX: |

SC: ____ SHOT: ____ PANEL: ____

| DIALOGUE: |
| ACTION: |
| FX: |

SC: ____ SHOT: ____ PANEL: ____

| DIALOGUE: |
| ACTION: |
| FX: |

TITLE: _____   PAGE: _____

SC: SHOT: PANEL:

DIALOGUE:

ACTION:

FX:

SC: SHOT: PANEL:

DIALOGUE:

ACTION:

FX:

SC: SHOT: PANEL:

DIALOGUE:

ACTION:

FX:

TITLE: _____ PAGE: _____

SC: SHOT: PANEL:

| DIALOGUE: |
| ACTION: |
| FX: |

SC: SHOT: PANEL:

| DIALOGUE: |
| ACTION: |
| FX: |

SC: SHOT: PANEL:

| DIALOGUE: |
| ACTION: |
| FX: |

TITLE: _____ PAGE: _____

SC: SHOT: PANEL:

DIALOGUE:

ACTION:

FX:

SC: SHOT: PANEL:

DIALOGUE:

ACTION:

FX:

SC: SHOT: PANEL:

DIALOGUE:

ACTION:

FX:

TITLE: _____   PAGE: _____

SC: SHOT: PANEL:

DIALOGUE:

ACTION:

FX:

SC: SHOT: PANEL:

DIALOGUE:

ACTION:

FX:

SC: SHOT: PANEL:

DIALOGUE:

ACTION:

FX:

TITLE: _____ PAGE: _____

SC: SHOT: PANEL:

DIALOGUE:

ACTION:

FX:

SC: SHOT: PANEL:

DIALOGUE:

ACTION:

FX:

SC: SHOT: PANEL:

DIALOGUE:

ACTION:

FX:

TITLE: _____ PAGE: _____

SC: SHOT: PANEL:

| DIALOGUE: |
| ACTION: |
| FX: |

SC: SHOT: PANEL:

| DIALOGUE: |
| ACTION: |
| FX: |

SC: SHOT: PANEL:

| DIALOGUE: |
| ACTION: |
| FX: |

TITLE: _____ PAGE: _____

SC: SHOT: PANEL:

| DIALOGUE: |
| ACTION: |
| FX: |

SC: SHOT: PANEL:

| DIALOGUE: |
| ACTION: |
| FX: |

SC: SHOT: PANEL:

| DIALOGUE: |
| ACTION: |
| FX: |

TITLE: _____ PAGE: _____

SC: SHOT: PANEL:

DIALOGUE:

ACTION:

FX:

SC: SHOT: PANEL:

DIALOGUE:

ACTION:

FX:

SC: SHOT: PANEL:

DIALOGUE:

ACTION:

FX:

TITLE: _____ PAGE: _____

SC: ____ SHOT: ____ PANEL: ____

DIALOGUE:

ACTION:

FX:

SC: ____ SHOT: ____ PANEL: ____

DIALOGUE:

ACTION:

FX:

SC: ____ SHOT: ____ PANEL: ____

DIALOGUE:

ACTION:

FX:

TITLE: _____ PAGE: _____

SC: SHOT: PANEL:

DIALOGUE:

ACTION:

FX:

SC: SHOT: PANEL:

DIALOGUE:

ACTION:

FX:

SC: SHOT: PANEL:

DIALOGUE:

ACTION:

FX:

TITLE: _____   PAGE: _____

SC: SHOT: PANEL:

DIALOGUE:

ACTION:

FX:

SC: SHOT: PANEL:

DIALOGUE:

ACTION:

FX:

SC: SHOT: PANEL:

DIALOGUE:

ACTION:

FX:

TITLE: _____ PAGE: _____

SC: SHOT: PANEL:

DIALOGUE:

ACTION:

FX:

SC: SHOT: PANEL:

DIALOGUE:

ACTION:

FX:

SC: SHOT: PANEL:

DIALOGUE:

ACTION:

FX:

TITLE: _____   PAGE: _____

SC: SHOT: PANEL:

DIALOGUE:

ACTION:

FX:

SC: SHOT: PANEL:

DIALOGUE:

ACTION:

FX:

SC: SHOT: PANEL:

DIALOGUE:

ACTION:

FX:

TITLE: _____ PAGE: _____

SC: SHOT: PANEL:

DIALOGUE:

ACTION:

FX:

SC: SHOT: PANEL:

DIALOGUE:

ACTION:

FX:

SC: SHOT: PANEL:

DIALOGUE:

ACTION:

FX:

TITLE: _____   PAGE: _____

SC: SHOT: PANEL:

DIALOGUE:

ACTION:

FX:

SC: SHOT: PANEL:

DIALOGUE:

ACTION:

FX:

SC: SHOT: PANEL:

DIALOGUE:

ACTION:

FX:

TITLE: _____ PAGE: _____

SC: SHOT: PANEL:

DIALOGUE:

ACTION:

FX:

SC: SHOT: PANEL:

DIALOGUE:

ACTION:

FX:

SC: SHOT: PANEL:

DIALOGUE:

ACTION:

FX:

TITLE: _____ PAGE: _____

SC: SHOT: PANEL:

DIALOGUE:

ACTION:

FX:

SC: SHOT: PANEL:

DIALOGUE:

ACTION:

FX:

SC: SHOT: PANEL:

DIALOGUE:

ACTION:

FX:

TITLE: _____ PAGE: _____

SC: SHOT: PANEL:

DIALOGUE:

ACTION:

FX:

SC: SHOT: PANEL:

DIALOGUE:

ACTION:

FX:

SC: SHOT: PANEL:

DIALOGUE:

ACTION:

FX:

TITLE: _____   PAGE: _____

SC: _____   SHOT: _____   PANEL: _____

DIALOGUE:

ACTION:

FX:

SC: _____   SHOT: _____   PANEL: _____

DIALOGUE:

ACTION:

FX:

SC: _____   SHOT: _____   PANEL: _____

DIALOGUE:

ACTION:

FX:

TITLE: _____   PAGE: _____

SC: SHOT: PANEL:

DIALOGUE:

ACTION:

FX:

SC: SHOT: PANEL:

DIALOGUE:

ACTION:

FX:

SC: SHOT: PANEL:

DIALOGUE:

ACTION:

FX:

TITLE: _____   PAGE: _____

SC: SHOT: PANEL:

DIALOGUE:

ACTION:

FX:

SC: SHOT: PANEL:

DIALOGUE:

ACTION:

FX:

SC: SHOT: PANEL:

DIALOGUE:

ACTION:

FX:

TITLE: _____ PAGE: _____

SC: SHOT: PANEL:

DIALOGUE:

ACTION:

FX:

SC: SHOT: PANEL:

DIALOGUE:

ACTION:

FX:

SC: SHOT: PANEL:

DIALOGUE:

ACTION:

FX:

TITLE: _____   PAGE: _____

SC: ____ SHOT: ____ PANEL: ____

DIALOGUE:

ACTION:

FX:

SC: ____ SHOT: ____ PANEL: ____

DIALOGUE:

ACTION:

FX:

SC: ____ SHOT: ____ PANEL: ____

DIALOGUE:

ACTION:

FX:

TITLE: _____ PAGE: _____

SC: SHOT: PANEL:

DIALOGUE:

ACTION:

FX:

SC: SHOT: PANEL:

DIALOGUE:

ACTION:

FX:

SC: SHOT: PANEL:

DIALOGUE:

ACTION:

FX:

TITLE: _____ PAGE: _____

SC: SHOT: PANEL:

DIALOGUE:

ACTION:

FX:

SC: SHOT: PANEL:

DIALOGUE:

ACTION:

FX:

SC: SHOT: PANEL:

DIALOGUE:

ACTION:

FX:

TITLE: _____ PAGE: _____

SC: SHOT: PANEL:

DIALOGUE:

ACTION:

FX:

SC: SHOT: PANEL:

DIALOGUE:

ACTION:

FX:

SC: SHOT: PANEL:

DIALOGUE:

ACTION:

FX:

TITLE: _____ PAGE: _____

SC: SHOT: PANEL:

| DIALOGUE: |
| ACTION: |
| FX: |

SC: SHOT: PANEL:

| DIALOGUE: |
| ACTION: |
| FX: |

SC: SHOT: PANEL:

| DIALOGUE: |
| ACTION: |
| FX: |

TITLE: _____   PAGE: _____

SC: SHOT: PANEL:

DIALOGUE:

ACTION:

FX:

SC: SHOT: PANEL:

DIALOGUE:

ACTION:

FX:

SC: SHOT: PANEL:

DIALOGUE:

ACTION:

FX:

TITLE: _____ PAGE: _____

SC: SHOT: PANEL:

DIALOGUE:

ACTION:

FX:

SC: SHOT: PANEL:

DIALOGUE:

ACTION:

FX:

SC: SHOT: PANEL:

DIALOGUE:

ACTION:

FX:

TITLE: _____ PAGE: _____

SC: SHOT: PANEL:

DIALOGUE:

ACTION:

FX:

SC: SHOT: PANEL:

DIALOGUE:

ACTION:

FX:

SC: SHOT: PANEL:

DIALOGUE:

ACTION:

FX:

TITLE: _____   PAGE: _____

SC: SHOT: PANEL:

DIALOGUE:

ACTION:

FX:

SC: SHOT: PANEL:

DIALOGUE:

ACTION:

FX:

SC: SHOT: PANEL:

DIALOGUE:

ACTION:

FX:

TITLE: _____   PAGE: _____

SC: SHOT: PANEL:

DIALOGUE:

ACTION:

FX:

SC: SHOT: PANEL:

DIALOGUE:

ACTION:

FX:

SC: SHOT: PANEL:

DIALOGUE:

ACTION:

FX:

TITLE: _____   PAGE: _____

SC: SHOT: PANEL:

DIALOGUE:

ACTION:

FX:

SC: SHOT: PANEL:

DIALOGUE:

ACTION:

FX:

SC: SHOT: PANEL:

DIALOGUE:

ACTION:

FX:

TITLE: _____   PAGE: _____

SC: SHOT: PANEL:

DIALOGUE:

ACTION:

FX:

SC: SHOT: PANEL:

DIALOGUE:

ACTION:

FX:

SC: SHOT: PANEL:

DIALOGUE:

ACTION:

FX:

TITLE: _____ PAGE: _____

SC: SHOT: PANEL:

DIALOGUE:

ACTION:

FX:

SC: SHOT: PANEL:

DIALOGUE:

ACTION:

FX:

SC: SHOT: PANEL:

DIALOGUE:

ACTION:

FX:

TITLE: _____ PAGE: _____

SC: SHOT: PANEL:

DIALOGUE:

ACTION:

FX:

SC: SHOT: PANEL:

DIALOGUE:

ACTION:

FX:

SC: SHOT: PANEL:

DIALOGUE:

ACTION:

FX:

TITLE: _____ PAGE: _____

SC: SHOT: PANEL:

| DIALOGUE: |
| ACTION: |
| FX: |

SC: SHOT: PANEL:

| DIALOGUE: |
| ACTION: |
| FX: |

SC: SHOT: PANEL:

| DIALOGUE: |
| ACTION: |
| FX: |

TITLE: _____   PAGE: _____

SC: SHOT: PANEL:

DIALOGUE:

ACTION:

FX:

SC: SHOT: PANEL:

DIALOGUE:

ACTION:

FX:

SC: SHOT: PANEL:

DIALOGUE:

ACTION:

FX:

TITLE: _____ PAGE: _____

SC: SHOT: PANEL:

DIALOGUE:

ACTION:

FX:

SC: SHOT: PANEL:

DIALOGUE:

ACTION:

FX:

SC: SHOT: PANEL:

DIALOGUE:

ACTION:

FX:

TITLE: _____ PAGE: _____

SC: SHOT: PANEL:

DIALOGUE:

ACTION:

FX:

SC: SHOT: PANEL:

DIALOGUE:

ACTION:

FX:

SC: SHOT: PANEL:

DIALOGUE:

ACTION:

FX:

TITLE: _____   PAGE: _____

SC: SHOT: PANEL:

DIALOGUE:

ACTION:

FX:

SC: SHOT: PANEL:

DIALOGUE:

ACTION:

FX:

SC: SHOT: PANEL:

DIALOGUE:

ACTION:

FX:

TITLE: _____   PAGE: _____

SC: _____ SHOT: _____ PANEL: _____

DIALOGUE:

ACTION:

FX:

SC: _____ SHOT: _____ PANEL: _____

DIALOGUE:

ACTION:

FX:

SC: _____ SHOT: _____ PANEL: _____

DIALOGUE:

ACTION:

FX:

TITLE: _____   PAGE: _____

SC: SHOT: PANEL:

DIALOGUE:

ACTION:

FX:

SC: SHOT: PANEL:

DIALOGUE:

ACTION:

FX:

SC: SHOT: PANEL:

DIALOGUE:

ACTION:

FX:

TITLE: _____   PAGE: _____

SC: SHOT: PANEL:

DIALOGUE:

ACTION:

FX:

SC: SHOT: PANEL:

DIALOGUE:

ACTION:

FX:

SC: SHOT: PANEL:

DIALOGUE:

ACTION:

FX:

TITLE: _____ PAGE: _____

SC: SHOT: PANEL:

DIALOGUE:

ACTION:

FX:

SC: SHOT: PANEL:

DIALOGUE:

ACTION:

FX:

SC: SHOT: PANEL:

DIALOGUE:

ACTION:

FX:

TITLE: _____   PAGE: _____

SC: SHOT: PANEL:

| DIALOGUE: |
| ACTION: |
| FX: |

SC: SHOT: PANEL:

| DIALOGUE: |
| ACTION: |
| FX: |

SC: SHOT: PANEL:

| DIALOGUE: |
| ACTION: |
| FX: |

TITLE: _____ PAGE: _____

SC: SHOT: PANEL:

DIALOGUE:

ACTION:

FX:

SC: SHOT: PANEL:

DIALOGUE:

ACTION:

FX:

SC: SHOT: PANEL:

DIALOGUE:

ACTION:

FX:

TITLE: _____ PAGE: _____

SC: SHOT: PANEL:

DIALOGUE:

ACTION:

FX:

SC: SHOT: PANEL:

DIALOGUE:

ACTION:

FX:

SC: SHOT: PANEL:

DIALOGUE:

ACTION:

FX:

TITLE: _____   PAGE: _____

SC: SHOT: PANEL:

DIALOGUE:

ACTION:

FX:

SC: SHOT: PANEL:

DIALOGUE:

ACTION:

FX:

SC: SHOT: PANEL:

DIALOGUE:

ACTION:

FX:

TITLE: _____   PAGE: _____

SC: SHOT: PANEL:

DIALOGUE:

ACTION:

FX:

SC: SHOT: PANEL:

DIALOGUE:

ACTION:

FX:

SC: SHOT: PANEL:

DIALOGUE:

ACTION:

FX:

TITLE: _____   PAGE: _____

SC: SHOT: PANEL:

DIALOGUE:

ACTION:

FX:

SC: SHOT: PANEL:

DIALOGUE:

ACTION:

FX:

SC: SHOT: PANEL:

DIALOGUE:

ACTION:

FX:

TITLE: _____ PAGE: _____

SC: SHOT: PANEL:

| DIALOGUE: |
| ACTION: |
| FX: |

SC: SHOT: PANEL:

| DIALOGUE: |
| ACTION: |
| FX: |

SC: SHOT: PANEL:

| DIALOGUE: |
| ACTION: |
| FX: |

TITLE: _____ PAGE: _____

SC: SHOT: PANEL:

DIALOGUE:

ACTION:

FX:

SC: SHOT: PANEL:

DIALOGUE:

ACTION:

FX:

SC: SHOT: PANEL:

DIALOGUE:

ACTION:

FX:

TITLE: _____   PAGE: _____

SC: SHOT: PANEL:

| DIALOGUE: |
| ACTION: |
| FX: |

SC: SHOT: PANEL:

| DIALOGUE: |
| ACTION: |
| FX: |

SC: SHOT: PANEL:

| DIALOGUE: |
| ACTION: |
| FX: |

TITLE: _____   PAGE: _____

SC: SHOT: PANEL:

DIALOGUE:

ACTION:

FX:

SC: SHOT: PANEL:

DIALOGUE:

ACTION:

FX:

SC: SHOT: PANEL:

DIALOGUE:

ACTION:

FX:

TITLE: _____ PAGE: _____

SC: SHOT: PANEL:

| DIALOGUE: |
| ACTION: |
| FX: |

SC: SHOT: PANEL:

| DIALOGUE: |
| ACTION: |
| FX: |

SC: SHOT: PANEL:

| DIALOGUE: |
| ACTION: |
| FX: |

TITLE: _____   PAGE: _____

SC: SHOT: PANEL:

DIALOGUE:

ACTION:

FX:

SC: SHOT: PANEL:

DIALOGUE:

ACTION:

FX:

SC: SHOT: PANEL:

DIALOGUE:

ACTION:

FX:

TITLE: _____ PAGE: _____

SC: SHOT: PANEL:

| DIALOGUE: |
| ACTION: |
| FX: |

SC: SHOT: PANEL:

| DIALOGUE: |
| ACTION: |
| FX: |

SC: SHOT: PANEL:

| DIALOGUE: |
| ACTION: |
| FX: |

TITLE: _____   PAGE: _____

SC: SHOT: PANEL:

DIALOGUE:

ACTION:

FX:

SC: SHOT: PANEL:

DIALOGUE:

ACTION:

FX:

SC: SHOT: PANEL:

DIALOGUE:

ACTION:

FX:

TITLE: _____   PAGE: _____

SC: SHOT: PANEL:

DIALOGUE:

ACTION:

FX:

SC: SHOT: PANEL:

DIALOGUE:

ACTION:

FX:

SC: SHOT: PANEL:

DIALOGUE:

ACTION:

FX:

TITLE: _____ PAGE: _____

SC: SHOT: PANEL:

DIALOGUE:

ACTION:

FX:

SC: SHOT: PANEL:

DIALOGUE:

ACTION:

FX:

SC: SHOT: PANEL:

DIALOGUE:

ACTION:

FX:

TITLE: _____ PAGE: _____

SC: SHOT: PANEL:

DIALOGUE:

ACTION:

FX:

SC: SHOT: PANEL:

DIALOGUE:

ACTION:

FX:

SC: SHOT: PANEL:

DIALOGUE:

ACTION:

FX:

TITLE: _____ PAGE: _____

SC: SHOT: PANEL:

DIALOGUE:

ACTION:

FX:

SC: SHOT: PANEL:

DIALOGUE:

ACTION:

FX:

SC: SHOT: PANEL:

DIALOGUE:

ACTION:

FX:

TITLE: _____   PAGE: _____

SC: SHOT: PANEL:

DIALOGUE:

ACTION:

FX:

SC: SHOT: PANEL:

DIALOGUE:

ACTION:

FX:

SC: SHOT: PANEL:

DIALOGUE:

ACTION:

FX:

TITLE: _____   PAGE: _____

SC: SHOT: PANEL:

DIALOGUE:

ACTION:

FX:

SC: SHOT: PANEL:

DIALOGUE:

ACTION:

FX:

SC: SHOT: PANEL:

DIALOGUE:

ACTION:

FX:

TITLE: _____ PAGE: _____

SC: SHOT: PANEL:

DIALOGUE:

ACTION:

FX:

SC: SHOT: PANEL:

DIALOGUE:

ACTION:

FX:

SC: SHOT: PANEL:

DIALOGUE:

ACTION:

FX:

TITLE: _____ PAGE: _____

SC: ___ SHOT: ___ PANEL: ___

DIALOGUE:

ACTION:

FX:

SC: ___ SHOT: ___ PANEL: ___

DIALOGUE:

ACTION:

FX:

SC: ___ SHOT: ___ PANEL: ___

DIALOGUE:

ACTION:

FX:

TITLE: _____   PAGE: _____

SC: SHOT: PANEL:

DIALOGUE:

ACTION:

FX:

SC: SHOT: PANEL:

DIALOGUE:

ACTION:

FX:

SC: SHOT: PANEL:

DIALOGUE:

ACTION:

FX:

TITLE: _____ PAGE: _____

SC: SHOT: PANEL:

DIALOGUE:

ACTION:

FX:

SC: SHOT: PANEL:

DIALOGUE:

ACTION:

FX:

SC: SHOT: PANEL:

DIALOGUE:

ACTION:

FX:

TITLE: _____   PAGE: _____

SC: SHOT: PANEL:

DIALOGUE:

ACTION:

FX:

SC: SHOT: PANEL:

DIALOGUE:

ACTION:

FX:

SC: SHOT: PANEL:

DIALOGUE:

ACTION:

FX:

TITLE: _____   PAGE: _____

SC: SHOT: PANEL:

DIALOGUE:

ACTION:

FX:

SC: SHOT: PANEL:

DIALOGUE:

ACTION:

FX:

SC: SHOT: PANEL:

DIALOGUE:

ACTION:

FX:

TITLE: _____   PAGE: _____

SC: SHOT: PANEL:

DIALOGUE:

ACTION:

FX:

SC: SHOT: PANEL:

DIALOGUE:

ACTION:

FX:

SC: SHOT: PANEL:

DIALOGUE:

ACTION:

FX:

TITLE: _____ PAGE: _____

SC: SHOT: PANEL:

DIALOGUE:

ACTION:

FX:

SC: SHOT: PANEL:

DIALOGUE:

ACTION:

FX:

SC: SHOT: PANEL:

DIALOGUE:

ACTION:

FX:

TITLE: _____   PAGE: _____

SC: SHOT: PANEL:

DIALOGUE:

ACTION:

FX:

SC: SHOT: PANEL:

DIALOGUE:

ACTION:

FX:

SC: SHOT: PANEL:

DIALOGUE:

ACTION:

FX:

TITLE: _____   PAGE: _____

SC: ____   SHOT: ____   PANEL: ____

DIALOGUE:

ACTION:

FX:

SC: ____   SHOT: ____   PANEL: ____

DIALOGUE:

ACTION:

FX:

SC: ____   SHOT: ____   PANEL: ____

DIALOGUE:

ACTION:

FX:

TITLE: _____   PAGE: _____

SC: SHOT: PANEL:

DIALOGUE:

ACTION:

FX:

SC: SHOT: PANEL:

DIALOGUE:

ACTION:

FX:

SC: SHOT: PANEL:

DIALOGUE:

ACTION:

FX:

TITLE: _____ PAGE: _____

SC: SHOT: PANEL:

DIALOGUE:

ACTION:

FX:

SC: SHOT: PANEL:

DIALOGUE:

ACTION:

FX:

SC: SHOT: PANEL:

DIALOGUE:

ACTION:

FX:

TITLE: _____   PAGE: _____

SC: SHOT: PANEL:

DIALOGUE:

ACTION:

FX:

SC: SHOT: PANEL:

DIALOGUE:

ACTION:

FX:

SC: SHOT: PANEL:

DIALOGUE:

ACTION:

FX:

TITLE: _____   PAGE: _____

SC: SHOT: PANEL:

DIALOGUE:

ACTION:

FX:

SC: SHOT: PANEL:

DIALOGUE:

ACTION:

FX:

SC: SHOT: PANEL:

DIALOGUE:

ACTION:

FX:

TITLE: _____ PAGE: _____

SC: SHOT: PANEL:

DIALOGUE:

ACTION:

FX:

SC: SHOT: PANEL:

DIALOGUE:

ACTION:

FX:

SC: SHOT: PANEL:

DIALOGUE:

ACTION:

FX:

TITLE: _____ PAGE: _____

SC: SHOT: PANEL:

| DIALOGUE: |
| ACTION: |
| FX: |

SC: SHOT: PANEL:

| DIALOGUE: |
| ACTION: |
| FX: |

SC: SHOT: PANEL:

| DIALOGUE: |
| ACTION: |
| FX: |

TITLE: _____ PAGE: _____

SC: SHOT: PANEL:

DIALOGUE:

ACTION:

FX:

SC: SHOT: PANEL:

DIALOGUE:

ACTION:

FX:

SC: SHOT: PANEL:

DIALOGUE:

ACTION:

FX:

TITLE: _____ PAGE: _____

SC: SHOT: PANEL:

DIALOGUE:

ACTION:

FX:

SC: SHOT: PANEL:

DIALOGUE:

ACTION:

FX:

SC: SHOT: PANEL:

DIALOGUE:

ACTION:

FX:

TITLE: _____   PAGE: _____

SC: SHOT: PANEL:

| DIALOGUE: |
| ACTION: |
| FX: |

SC: SHOT: PANEL:

| DIALOGUE: |
| ACTION: |
| FX: |

SC: SHOT: PANEL:

| DIALOGUE: |
| ACTION: |
| FX: |

TITLE: _____   PAGE: _____

SC: SHOT: PANEL:

DIALOGUE:

ACTION:

FX:

SC: SHOT: PANEL:

DIALOGUE:

ACTION:

FX:

SC: SHOT: PANEL:

DIALOGUE:

ACTION:

FX:

TITLE: _____   PAGE: _____

SC: SHOT: PANEL:

DIALOGUE:

ACTION:

FX:

SC: SHOT: PANEL:

DIALOGUE:

ACTION:

FX:

SC: SHOT: PANEL:

DIALOGUE:

ACTION:

FX:

TITLE: _____   PAGE: _____

SC: SHOT: PANEL:

| DIALOGUE: |
| ACTION: |
| FX: |

SC: SHOT: PANEL:

| DIALOGUE: |
| ACTION: |
| FX: |

SC: SHOT: PANEL:

| DIALOGUE: |
| ACTION: |
| FX: |

TITLE: _____ PAGE: _____

SC: SHOT: PANEL:

DIALOGUE:

ACTION:

FX:

SC: SHOT: PANEL:

DIALOGUE:

ACTION:

FX:

SC: SHOT: PANEL:

DIALOGUE:

ACTION:

FX:

TITLE: _____   PAGE: _____

SC: _____ SHOT: _____ PANEL: _____

DIALOGUE:

ACTION:

FX:

SC: _____ SHOT: _____ PANEL: _____

DIALOGUE:

ACTION:

FX:

SC: _____ SHOT: _____ PANEL: _____

DIALOGUE:

ACTION:

FX:

TITLE: _____ PAGE: _____

SC: ____ SHOT: ____ PANEL: ____

DIALOGUE:

ACTION:

FX:

SC: ____ SHOT: ____ PANEL: ____

DIALOGUE:

ACTION:

FX:

SC: ____ SHOT: ____ PANEL: ____

DIALOGUE:

ACTION:

FX:

TITLE: _____ PAGE: _____

SC: SHOT: PANEL:

DIALOGUE:

ACTION:

FX:

SC: SHOT: PANEL:

DIALOGUE:

ACTION:

FX:

SC: SHOT: PANEL:

DIALOGUE:

ACTION:

FX:

TITLE: _____   PAGE: _____

SC: SHOT: PANEL:

| DIALOGUE: |
| ACTION: |
| FX: |

SC: SHOT: PANEL:

| DIALOGUE: |
| ACTION: |
| FX: |

SC: SHOT: PANEL:

| DIALOGUE: |
| ACTION: |
| FX: |

TITLE: _____ PAGE: _____

SC: SHOT: PANEL:

DIALOGUE:

ACTION:

FX:

SC: SHOT: PANEL:

DIALOGUE:

ACTION:

FX:

SC: SHOT: PANEL:

DIALOGUE:

ACTION:

FX:

TITLE: _____   PAGE: _____

SC: SHOT: PANEL:

| DIALOGUE: |
| ACTION: |
| FX: |

SC: SHOT: PANEL:

| DIALOGUE: |
| ACTION: |
| FX: |

SC: SHOT: PANEL:

| DIALOGUE: |
| ACTION: |
| FX: |

TITLE: _____   PAGE: _____

SC: SHOT: PANEL:

| DIALOGUE: |
| ACTION: |
| FX: |

SC: SHOT: PANEL:

| DIALOGUE: |
| ACTION: |
| FX: |

SC: SHOT: PANEL:

| DIALOGUE: |
| ACTION: |
| FX: |

TITLE: _____   PAGE: _____

SC: SHOT: PANEL:

DIALOGUE:

ACTION:

FX:

SC: SHOT: PANEL:

DIALOGUE:

ACTION:

FX:

SC: SHOT: PANEL:

DIALOGUE:

ACTION:

FX:

TITLE: _____   PAGE: _____

SC: _____   SHOT: _____   PANEL: _____

DIALOGUE:

ACTION:

FX:

SC: _____   SHOT: _____   PANEL: _____

DIALOGUE:

ACTION:

FX:

SC: _____   SHOT: _____   PANEL: _____

DIALOGUE:

ACTION:

FX:

TITLE: _____   PAGE: _____

SC: SHOT: PANEL:

DIALOGUE:

ACTION:

FX:

SC: SHOT: PANEL:

DIALOGUE:

ACTION:

FX:

SC: SHOT: PANEL:

DIALOGUE:

ACTION:

FX:

TITLE: _____ PAGE: _____

SC: SHOT: PANEL:

DIALOGUE:

ACTION:

FX:

SC: SHOT: PANEL:

DIALOGUE:

ACTION:

FX:

SC: SHOT: PANEL:

DIALOGUE:

ACTION:

FX:

TITLE: _____   PAGE: _____

SC: SHOT: PANEL:

DIALOGUE:

ACTION:

FX:

SC: SHOT: PANEL:

DIALOGUE:

ACTION:

FX:

SC: SHOT: PANEL:

DIALOGUE:

ACTION:

FX:

TITLE: _____   PAGE: _____

SC: SHOT: PANEL:

DIALOGUE:

ACTION:

FX:

SC: SHOT: PANEL:

DIALOGUE:

ACTION:

FX:

SC: SHOT: PANEL:

DIALOGUE:

ACTION:

FX:

TITLE: _____ PAGE: _____

SC: SHOT: PANEL:

| DIALOGUE: |
| ACTION: |
| FX: |

SC: SHOT: PANEL:

| DIALOGUE: |
| ACTION: |
| FX: |

SC: SHOT: PANEL:

| DIALOGUE: |
| ACTION: |
| FX: |

TITLE: _____   PAGE: _____

SC: ____   SHOT: ____   PANEL: ____

DIALOGUE:

ACTION:

FX:

SC: ____   SHOT: ____   PANEL: ____

DIALOGUE:

ACTION:

FX:

SC: ____   SHOT: ____   PANEL: ____

DIALOGUE:

ACTION:

FX:

TITLE: _____ PAGE: _____

SC: _____ SHOT: _____ PANEL: _____

DIALOGUE:

ACTION:

FX:

SC: _____ SHOT: _____ PANEL: _____

DIALOGUE:

ACTION:

FX:

SC: _____ SHOT: _____ PANEL: _____

DIALOGUE:

ACTION:

FX:

TITLE: _____   PAGE: _____

SC: SHOT: PANEL:

DIALOGUE:

ACTION:

FX:

SC: SHOT: PANEL:

DIALOGUE:

ACTION:

FX:

SC: SHOT: PANEL:

DIALOGUE:

ACTION:

FX:

TITLE: _____   PAGE: _____

SC: SHOT: PANEL:

DIALOGUE:

ACTION:

FX:

SC: SHOT: PANEL:

DIALOGUE:

ACTION:

FX:

SC: SHOT: PANEL:

DIALOGUE:

ACTION:

FX:

TITLE: _____ PAGE: _____

SC: SHOT: PANEL:

DIALOGUE:

ACTION:

FX:

SC: SHOT: PANEL:

DIALOGUE:

ACTION:

FX:

SC: SHOT: PANEL:

DIALOGUE:

ACTION:

FX:

TITLE: _____   PAGE: _____

SC: SHOT: PANEL:

DIALOGUE:

ACTION:

FX:

SC: SHOT: PANEL:

DIALOGUE:

ACTION:

FX:

SC: SHOT: PANEL:

DIALOGUE:

ACTION:

FX:

TITLE: _____ PAGE: _____

SC: SHOT: PANEL:

| DIALOGUE: |
| ACTION: |
| FX: |

SC: SHOT: PANEL:

| DIALOGUE: |
| ACTION: |
| FX: |

SC: SHOT: PANEL:

| DIALOGUE: |
| ACTION: |
| FX: |

TITLE: _____   PAGE: _____

SC: _____   SHOT: _____   PANEL: _____

DIALOGUE:

ACTION:

FX:

SC: _____   SHOT: _____   PANEL: _____

DIALOGUE:

ACTION:

FX:

SC: _____   SHOT: _____   PANEL: _____

DIALOGUE:

ACTION:

FX:

TITLE: _____ PAGE: _____

SC: ____ SHOT: ____ PANEL: ____

| DIALOGUE: |
| ACTION: |
| FX: |

SC: ____ SHOT: ____ PANEL: ____

| DIALOGUE: |
| ACTION: |
| FX: |

SC: ____ SHOT: ____ PANEL: ____

| DIALOGUE: |
| ACTION: |
| FX: |

TITLE: _____ PAGE: _____

SC: SHOT: PANEL:

DIALOGUE:

ACTION:

FX:

SC: SHOT: PANEL:

DIALOGUE:

ACTION:

FX:

SC: SHOT: PANEL:

DIALOGUE:

ACTION:

FX:

ABOUT THE AUTHOR

The Adam and Marky™ brand is brought to you by Ginzburg Press. Ginzburg Press is a digital production company that distributes online courses, ebooks, apparel and animated short films.

Follow us on

Facebook: https://www.facebook.com/adamandmarky
Twitter: https://twitter.com/ginzburgpress
Instagram: https://www.instagram.com/adamandmarky/
Website: https://adamandmarky.com/
Etsy Store: https://adamandmarky.etsy.com
Merchandise Movies on Amazon: https://www.amazon.com/shop/influencer-2d0150db

Made in the USA
Monee, IL
24 March 2024